Illustration de couverture : Olivier Hubert

© 2005 Bayard Éditions Jeunesse
ISBN : 2 7470 1300-6
Dépôt légal : mars 2005
Imprimé en Malaisie
Loi 49-956 du 16 juillet 1949
sur les publications destinées à la jeunesse

La formule 1

Attention, tout le monde est

Son **casque** a une visière recouverte de plusieurs couches de plastique. Le pilote les décolle au fur et à mesure qu'elles se salissent.

Le pilote de formule 1 porte une **combinaison anti-feu.** Elle le protège si sa voiture prend feu.

C'est celle-là.

La **pole position** est la meilleure position pour le départ. Elle est située en première ligne et à l'intérieur du circuit.

prêt au départ. 3, 2, 1... partez !

Dans le **stand**, le pilote peut faire changer ses pneus en six secondes !

Les **pneus** s'usent beaucoup pendant la course. Pour les changer rapidement, on remplace toute la roue.

Le départ est donné par le **feu vert**.

Le **drapeau à damier** signale l'arrivée.

C'est le premier arrivé qui gagne la **coupe**.

72

12/24

Les véhicules automobiles

BAYARD JEUNESSE

La formule 1
est une voiture spéciale.
Elle est construite
pour faire des courses
sur des circuits.

Le sais-tu ?

La voiture de formule 1 est plate et large pour pouvoir rouler très vite. Sur les circuits, le pilote fonce à 300 kilomètres à l'heure.

Ici, c'est la prise d'air qui permet de refroidir le moteur.

L'aileron à l'arrière empêche la voiture de décoller.

Le rétroviseur permet au pilote de surveiller les adversaires.

L'air entre par ces trous pour refroidir les freins, qui chauffent beaucoup.

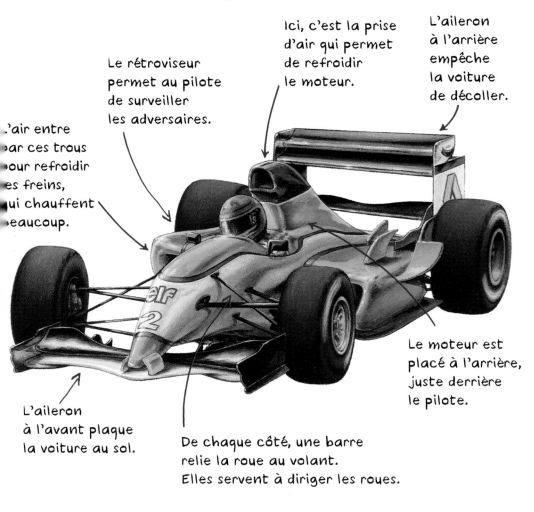

Le moteur est placé à l'arrière, juste derrière le pilote.

L'aileron à l'avant plaque la voiture au sol.

De chaque côté, une barre relie la roue au volant. Elles servent à diriger les roues.

Il existe d'autres courses de voitures, et elles ne se déroulent pas toutes sur un circuit.

Un **rallye** se dispute sur route, avec des voitures de sport très rapides.

Les **raids** se courent sur des chemins, avec des 4x4 qui peuvent rouler très vite.

Les **courses de kart** ont lieu sur des circuits. Les karts sont des petites voitures sans carosserie avec lesquelles on apprend à piloter.

1886. Cette voiturette construite par Karl Benz a été le premier véhicule à essence fabriqué en plusieurs exemplaires.

1900. Dans la Renault type B, construite par Louis Renault, le conducteur est enfin à l'abri des intempéries.

1938. La Coccinelle est née ! C'est la voiture la plus vendue dans monde. Elle était solide et pas chère. Elle a été fabriquée jusqu'en 2003.

1984. Renault invente le monospace. Ce modèle s'appelle un Espace, parce qu'il est très grand : il peut transporter sept passagers.

La voiture a beaucoup c

1770. Voici la première voiture automobile, le fardier, inventée par Joseph Cugnot. Elle marchait à la vapeur. Mais elle n'avait pas de freins !

1873. L'Obéissante avait un moteur à vapeur qui lui permettait de rouler à 42 kilomètres à l'heure et de transporter plusieurs personnes

1908. La Ford T a été la première automobile fabriquée en grand nombre, en Amérique. Presque tout le monde en avait une !

1934. La Traction de Citroën était la voiture préférée des gangsters. Elle roulait si vite que les policiers avaient du mal à la rattraper !

La voiture

Depuis que la voiture a été inventée, les constructeurs l'améliorent sans cesse. Et on sait déjà à quoi ressemblera la voiture du futur.

Le sais-tu ?

La voiture du futur ne polluera pas, car elle n'utilisera plus d'essence. Son moteur fonctionnera avec de l'électricité, fabriquée dans une grosse pile spéciale qui ne s'usera pas.

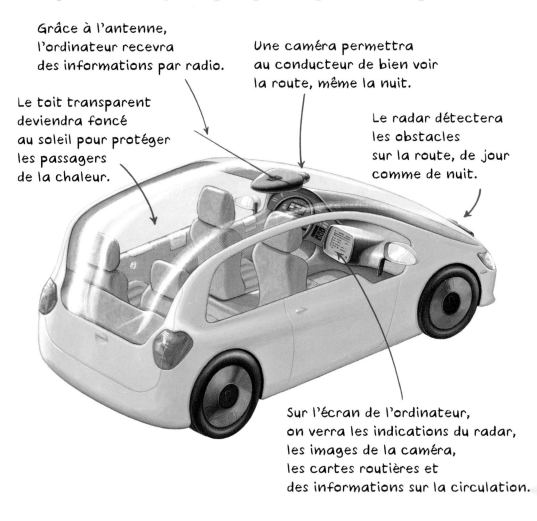

Grâce à l'antenne, l'ordinateur recevra des informations par radio.

Une caméra permettra au conducteur de bien voir la route, même la nuit.

Le toit transparent deviendra foncé au soleil pour protéger les passagers de la chaleur.

Le radar détectera les obstacles sur la route, de jour comme de nuit.

Sur l'écran de l'ordinateur, on verra les indications du radar, les images de la caméra, les cartes routières et des informations sur la circulation.

Les voitures ont des formes différentes
parce qu'elles ne servent pas toutes à la même chose.

La voiture de luxe est très confortable,
et elle coûte aussi cher qu'une maison !

Le cabriolet est très agréable
pour rouler les cheveux au vent.

Le 4x4 peut rouler sur tous les terrains
parce que son moteur entraîne
les quatre roues en même temps.

La minivoiture permet
de se garer facilement en ville.
Cette Smart n'a que deux places.

La voiture de sport peut rouler très vite.
Certaines sont aussi rapides
que les formule 1 !

Le break a un coffre très grand
pour emporter les valises
de toute la famille.

e cent ans !

tait la « motocyclette ».

1927, en Angleterre.
Avec cette Triumph,
on pouvait voyager et faire
les compétitions, car elle roulait vite.

1946, en Italie.
La Vespa est née.
Les femmes pouvaient la conduire,
même habillées d'une robe !

Aujourd'hui, toutes les motos
nt des suspensions qui amortissent
les chocs à l'avant et à l'arrière
et une selle confortable.

Dans le futur…
On cherchera toujours à rendre
les motos plus sûres et plus performantes.
Elles ressembleront peut-être à celle-ci.

La première moto est née quand on a mis un moteur sur une bicyclett
Depuis, les inventeurs n'arrêtent pas de l'améliorer.

1894, en Allemagne.
Voici la première moto fabriquée
en usine et vendue en grand nombre.
En France, on l'appelait « pétrolette ».

1901, en France.
Avec la NSU, on avait le choix.
On pouvait soit utiliser le moteur,
soit pédaler.

1949, aux États-Unis.
Harley Davidson propose un modèle
équipé d'une fourche hydraulique
qui amortit les chocs sur la roue avant.

1970, aux États-Unis.
C'est la mode du chopper.
On se tenait assis très en arrière,
ce n'était pas confortable !

La moto

Elle file sur les circuits,
elle se faufile dans les villes,
la moto est la reine
de la vitesse et de l'agilité.

Le sais-tu ?

**Pour conduire une moto, il faut être bien équipé
et porter un casque et des gants pour se protéger
en cas de chute. Sur certaines motos, le motard est à l'abri
de la pluie et du vent grâce à un petit pare-brise.**

Au milieu du guidon,
il y a le compteur
de vitesse.

C'est en tournant
la poignée droite
que le motard
accélère.

Ici, c'est
le réservoir
d'essence.

Ces disques
sont des freins
très puissants.

Le pot
d'échappement
se termine
par le
silencieux.
Il diminue le bruit
du moteur.

Le radiateur
sert à refroidir
le moteur
qui se trouve
juste derrière.

On passe les vitesses
en actionnant
ce petit levier
avec le pied gauche.

Il existe plusieurs sortes de motos. Certaines sont faites pour rouler sur la route, d'autres dans la boue. Il y en a même qui permettent de voyager en famille !

La **moto de grand tourisme** est très confortable, elle a même le chauffage ! Avec elle, on fait de longs voyages.

La **moto de cross** est solide et légère. Elle a des pneus crantés pour rouler dans la boue et de grandes suspensions pour sauter sur les bosses.

Le **side-car** a une remorque sur le côté avec un ou deux sièges. Grâce à lui, on peut voyager à trois, et même à quatre !

La **moto sportive** roule très vite. Certaines vont à 300 kilomètres à l'heure. Pour conduire, le pilote se tient couché sur le réservoir.

Le **minibus** est un petit car. Celui-là s'appelle « car rapide ».
Il circule en Afrique.

Dans certains pays, les **autocars** qui transportent les gens d'une ville
à une autre sont très colorés. Comme celui-ci, qui circule en Inde.

Le **bus articulé** a une sorte de remorque pour transporter plus de monde. Il circule surtout dans les grandes villes.

Ce **bus à deux étages** s'appelle un bus à impériale.
Il est anglais. On en voit à Londres, la capitale du Royaume-Uni.

L'autobus

L'autobus sert à transporter
beaucoup de gens en même temps.
Celui-là est un car américain
de ramassage scolaire, le « school-bus ».

Le sais-tu ?

Dans toutes les villes, des autobus permettent de circuler sans prendre sa voiture. À l'intérieur, il y a des fauteuils, mais on peut aussi voyager debout quand il y a beaucoup de monde.

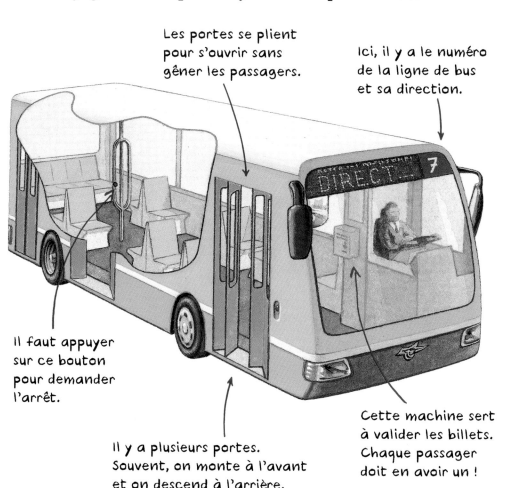

Les portes se plient pour s'ouvrir sans gêner les passagers.

Ici, il y a le numéro de la ligne de bus et sa direction.

Il faut appuyer sur ce bouton pour demander l'arrêt.

Il y a plusieurs portes. Souvent, on monte à l'avant et on descend à l'arrière.

Cette machine sert à valider les billets. Chaque passager doit en avoir un !

Ce **car** peut parcourir de longs trajets. Il a de grands coffres pour les bagages. À l'intérieur, il y a la télé, et même des toilettes !

Le **trolley-bus** fonctionne à l'électricité. Le trolley est une sorte de perche installée sur le toit, qui relie le bus aux câbles électriques.

pourtant il a plusieurs pièces.

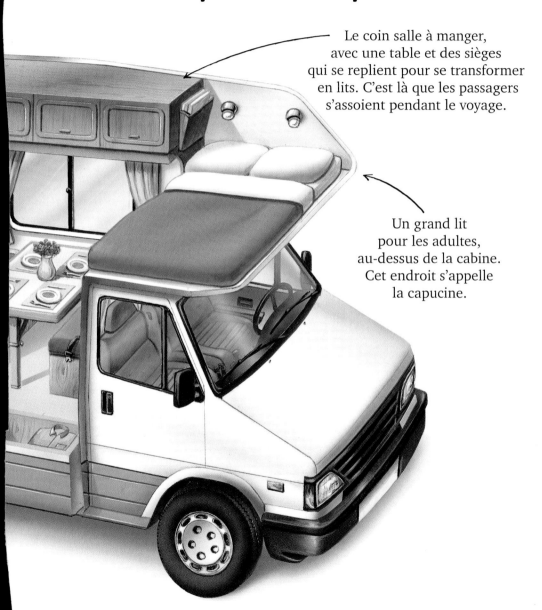

Le coin salle à manger, avec une table et des sièges qui se replient pour se transformer en lits. C'est là que les passagers s'assoient pendant le voyage.

Un grand lit pour les adultes, au-dessus de la cabine. Cet endroit s'appelle la capucine.

Le camping-car n'a pas l'air grand

Le coin salle de bains, avec un lavabo, une douche et des WC.

Dans ce coffre, on installe les bouteilles de gaz.

Le coin cuisine, avec un réfrigérateur, un évier et une plaque de cuisson.

Cette prise permet de se brancher sur une source d'électricité.

Le camping-car

C'est à la fois une voiture
qui permet d'aller où on veut
et une maison où on peut dormir et manger !

Le sais-tu ?

**En camping-car, on peut aller très loin,
mais il faut penser au ravitaillement.**

Certains sont équipés d'un panneau
solaire qui fabrique de l'électricité.
Ainsi, on recharge la batterie
et le réfrigérateur ne manque
jamais de courant !

Les toilettes
doivent être vidées,
sinon elles débordent.

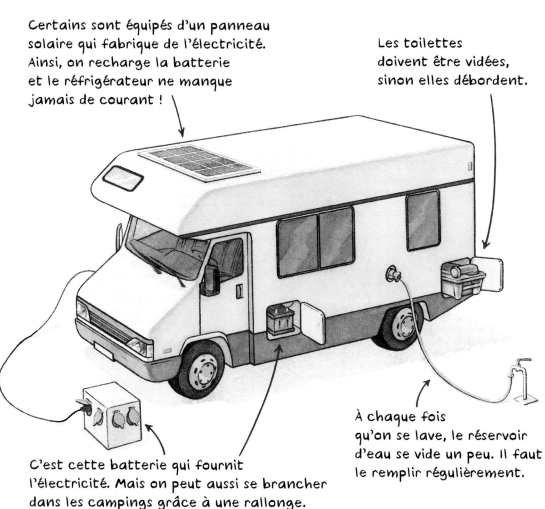

C'est cette batterie qui fournit
l'électricité. Mais on peut aussi se brancher
dans les campings grâce à une rallonge.

À chaque fois
qu'on se lave, le réservoir
d'eau se vide un peu. Il faut
le remplir régulièrement.

Les hommes ont inventé d'autres camionnettes aménagées pour se déplacer avec leur bureau ou leur boutique.

Le **bibliobus** est un camion transformé en bibliothèque.

Dans le **camion-pizza**, il y a tout ce qu'il faut pour préparer les pizzas, même un four à bois !

Sur le marché, on voit des **camionnettes** qui s'ouvrent sur tout un côté. Ce sont de vrais magasins roulants.

ne mini salle d'opération.

Avec la perfusion, on met des médicaments directement dans le sang.

Ce sac à dos contient tout ce qu'il faut pour soigner les blessés avant de les amener dans l'ambulance.

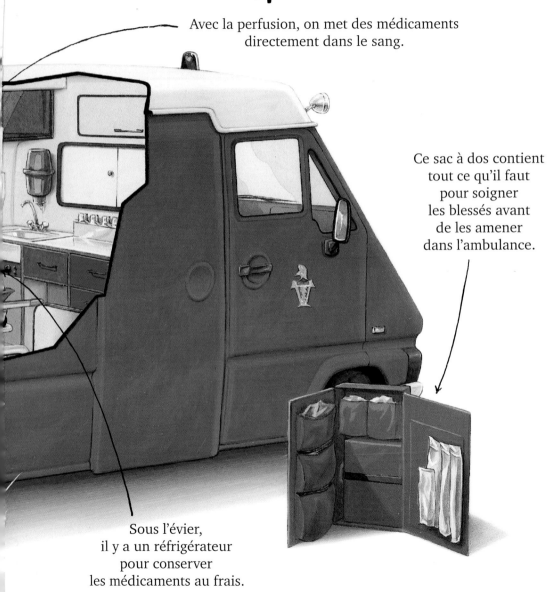

Sous l'évier, il y a un réfrigérateur pour conserver les médicaments au frais.

Dans l'ambulance, il y a

Ces machines servent à surveiller les battements de cœur du blessé et à maintenir sa respiration.

Avec le masque à oxygène, on aide le blessé à respirer.

Ce matelas s'appelle un « matelas coquille ». Il empêche le blessé de bouger.

AMBULANCE

La table d'opération est aussi un lit. Quand on le sort, on peut déplier ses pieds, qui sont munis de roulettes.

Les bouteilles d'oxygène sont rangées sous la table.

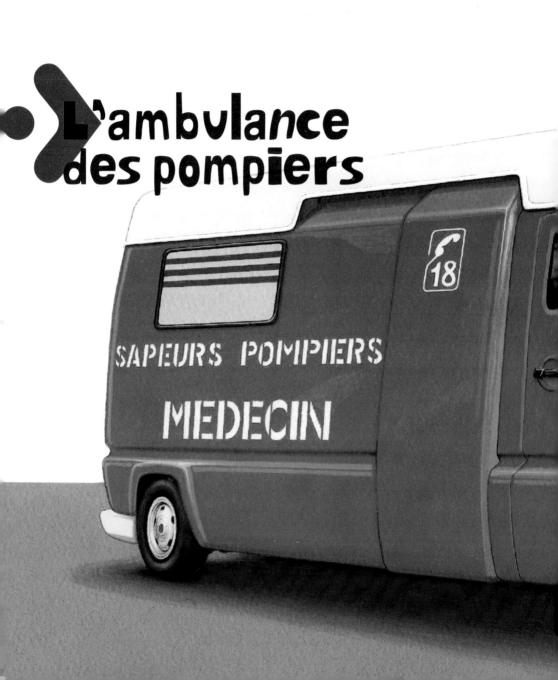

L'ambulance
des pompiers

Grâce à elle, on peut soigner et opérer un blessé en urgence, avant de l'emmener à l'hopital.

Texte
Emmanuel Chanut, avec la participation de
Stéphanie Janicot (pour « le camping-car », « la moto »,
« l'autobus », et « la formule 1 ») et Bertrand Fichou (pour « la voiture »).

Illustrations
Le camping-car, l'autobus et la voiture (vignettes) : Donald Grant.
La moto, la voiture, et l'ambulance des pompiers : Olivier Hubert.
La formule 1 : Olivier Hubert et Éric Doxat.

Maquette
Maryse Guittet

La petite encyclopédie **Youpi** des grands curieux

Dans la même collection :

Retrouve le magazine **Youpi** chez ton marchand de journaux !